Miradas

Primera edición marzo 2025

© Blanca Sánchez Rodríguez

Obra coordinada por
Opera Prima
C/ Espejo, 10
28013 Madrid
Tels. 91 559 29 49 / 696 57 01 31
operaprima@operaprima.es
www.operaprima.es

Maqueta: Nerea Peña Peña

ISBN: 978-84-10244-48-1
Depósito legal: M-7422-2025

Impreso en España

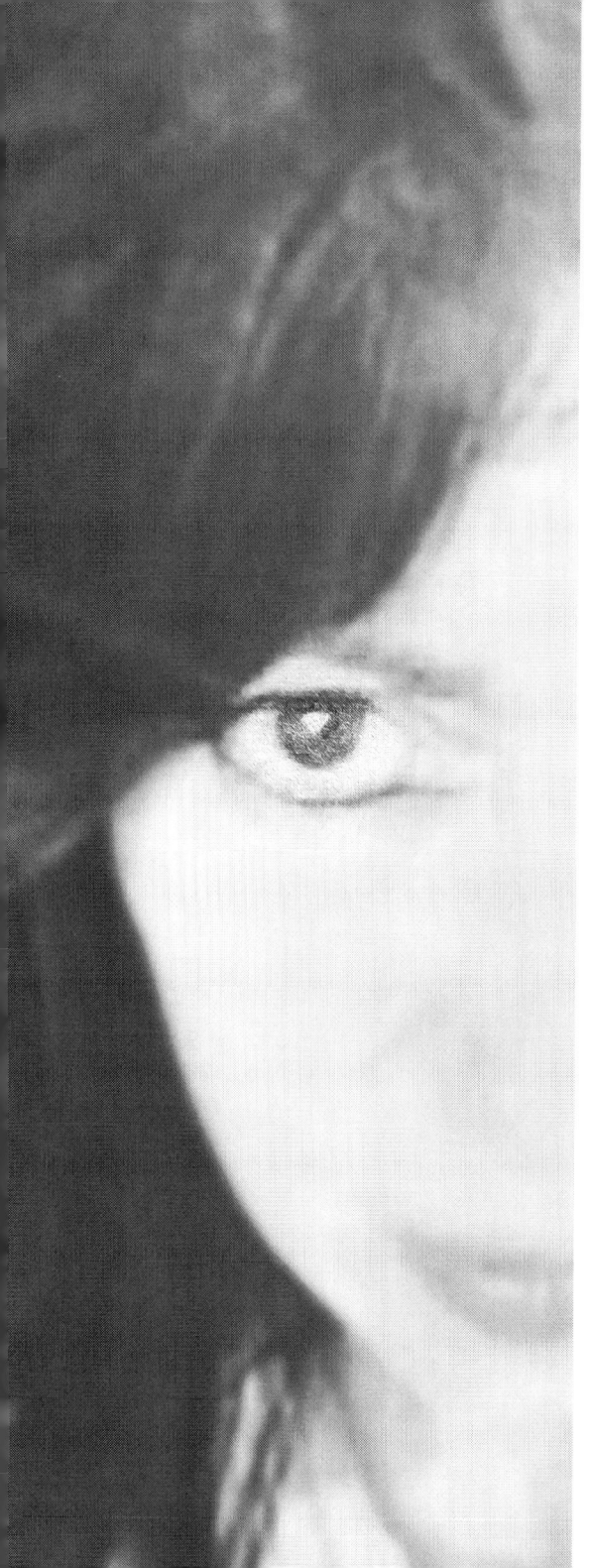

Blanca
Sánchez Rodríguez

Miradas

Opera Prima

Para mi hija Ainhoa

Poema en blanco

Te escribí un poema en blanco
para que leyeses lo que quisieras,
dulces realidades, recuerdos o anhelos,
a tu libre opción y deseo.

Para que encontrases en un papel
lo que no encontrarías en mis manos,
un espacio en blanco, con sentimientos,
todo lo demás ya lo tenías.

Bonito regalo, pensé al leer el título:
Poema en blanco.
Sin más colores, sin más adornos,
desearte y dedicarte los sueños.

Triste realidad, fueron sus consecuencias
al ver la hoja en blanco,
imaginaste que era un adiós,
el tiempo y tú jugasteis al olvido.
y el tiempo ganó la partida.

Cuando quise releer mi obra
mis ojos encontraron la realidad,
vacío y todo, todo y vacío,
entre ambos jugaron igualmente.
Y el vacío ganó con ostentosa diferencia.

Con el transcurso de los años
el vacío y el tiempo se encontraron,
ambos se escondían y perseguían,
el vacío sin el tiempo solo era vacío
y el tiempo sin vacío solo era tiempo.

Retomé el papel en blanco y lo llené de palabras.

Pensamientos

El mejor cobijo para la locura es la mente,
cáscara rugosa que amamanta el sentimiento,
sin dejarla escapar de donde habita plácidamente.

El peor descuido para la soledad es la mentira,
el vacío la acompaña en silencio toda la vida,
sin dejarla expresarse la ha dejado muda y hueca.

La mejor caricia para el amor es el silencio,
su tacto quieto y suave inmoviliza el momento,
sin dejarle olvidar su enorme privilegio encerrado.

La peor venganza para el dolor es la indiferencia,
su omisión reduce su tamaño mientras pasa el tiempo,
sin dejarle alimentarse del recuerdo y la tristeza.

Fácil

Qué fácil resulta hablar,
desdecir los sentimientos,
tus palabras borraré,
cuando borres tus recuerdos.

Qué fácil arrepentirse,
con voz alta y con respaldo,
cuanto más subas el tono,
más triste estará el silencio.

Qué fácil no dar el paso,
pies juntos ante el momento,
corríamos juntos en sueños,
caímos los dos a un tiempo.

Qué fácil resulta hablar,
desdecir los sentimientos,
no borraré tus palabras,
y te guardaré muy dentro.

Parque vacío

Me sentía acompañada en aquel parque vacío,
parque quejumbroso en tarde de otoño yerma,
percibiendo el aire atravesando mi cuerpo,
reparando en el vaivén de las hojas secas caídas,
medianamente adornando la nada y el todo,
despeinando el cabello desmedidamente quieto,
excesivamente estática en tu recuerdo,
sin mirar nada en especial, sintiendo,
te sentía, te recordaba tal vez, quizás aún más,
simplemente escudriñando mi sosiego
abriendo el bolso y buscando su interior, en mí,
esa pluma plateada abandonada a su suerte,
ese papel que empezaría a amarillear con el tiempo,
trasladando recuerdos de cuando te escribía,
cayendo en mis manos aportando el ritmo vibrante,
esas manos en movimiento buscando algo,
buscando que entraras en el papel, tal vez,
queriendo notar cerca tú aliento,
leyendo lo que te escribía ayer,
sintiéndote cómo fue, escuchando versos,
palabras que llevaba el viento,
palabras mudas atrapadas en un cuaderno,
quizás despistada, quizás atenta o quieta,
sin ambicionar palabras, persiguiéndote,
garganta dolorida de llamarte en silencio,
encogida el alma de soñarte otra vez,
ese tiempo perdido, a la sombra, al sol,
caminando hacia la nada, sin verte reír,
arrancando problemas a la vida para olvidarte.

No he podido hacerlo, te sigo en recuerdos,
seguiré escribiendo, seguiré sintiendo,
sintiendo ¿el qué? ¿Las alegorías del vivir?
Estoy vibrando, te estoy respondiendo,
¿lo lees?, dime que me estás leyendo.
El corazón roto y mi alma al viento, buscándote,
no llegué a tiempo para despedirme,
tu destino se apresuraba al mío, cayendo,
arrebatándonos esos momentos nuestros,
recostada hacia atrás y entre mis sueños
con los ojos cerrados, tomo tu mano y la aprieto.
Me sentía acompañada en aquel parque vacío.

Sonidos del viento

Sin querer reconocer, pero haciéndolo,
que la soledad está vagando por mis atardeceres,
vegetando entre mil sensaciones errantes,
sin hablarte, sin escucharte, sin verte.
Hiel amarga adosada,
abrazada fuertemente a mi espalda.

Sin querer reconocer, pero haciéndolo,
que duramente aprenderé que mis días serán así,
y más difícil será asumir que nunca más
podré susurrarte, abrazarte o besarte,
dulce miel alejada de mí,
quizá entre sueños fuertemente te sienta.

Sin querer reconocer, pero haciéndolo,
que tu voz me acompañará,
como alegre sonido esparcido al viento,
mi único consuelo alcanzable será imaginar
que, en algún lugar, sonreirás al recordarme,
y que, por ese motivo, seguiré viviendo.

Lacre

Granate rojo sellaba el lacre de tu carta,
diamantes blancos en lágrimas al leerla, mis ojos,
oro apuñalado por rencor ajeno,
empuñó tu mano.

Ajedrez

Sin que los sentimientos avergüencen,
soñando que la sinceridad moviera la partida,
corriente sin frontera que hiciese oscilar las piezas,
girando los hemisferios del tablero,
subrayando la ubicación del norte,
de tu norte,
de mi sur.

Sinceridad que conseguiría rotar sentimientos,
calentando las emociones en la mañana,
avivando los pensamientos al atardecer,
ardiendo el fuego en la noche,
siendo tan amargo dirigirlas a la realidad,
realidad de querer,
realidad de olvidar.

Aceptar que la partida quedará en tablas,
asumir que la Reina ha dado jaque al Rey,
mueve el Rey observando su privilegio protegido,
el peón se interpone entre ellos,
inmovilizando y cerrando la partida,
tu casilla blanca,
mi casilla negra.

Monedas y frases

Escondidas en el alma,
guardo monedas valiosas con la esfinge de tu cara,
las acaricio en silencio y observo en las madrugadas,
escondidas en mi pecho para que no sean robadas.

Grabadas en el corazón,
llevo tus frases de amor, remarcadas en esmalte,
las escucho a todas horas y me fluyen por la sangre,
grabadas a fuego y oro para que no sean borradas.

Creer

Miénteme una vez más,
seguirás creyendo que te creo,
creerás sorprenderme por el verbo,
creeré hacerte más feliz,
creerán que siempre nos oyeron,
creerá que nunca yo te tuve,
creerás que escucho entre tus sueños,
creerás que nunca yo lo supe,
creeré que vivo sin misterios.

Alas

Es de noche, ninguna estrella acompaña a la calle adormecida,
la pequeña luz de la farola intentando emular la luz del día,
con leves destellos que no alcanzan a alumbrar, pero evitan
                                                        la caída,
orgullosa y sofisticada en su altura, atenúa la oscuridad.

Se consume una noche más, sutilmente abre el día, nublado,
sin esperarlo, vislumbro un ave que se eleva sobre mi horizonte,
con el compás de sus alas abate las espesas nubes grises,
desenfunda los brillos amordazados, y descorcha la alegría que
                                                debiera ser libre.

Mueve las alas con ligereza, alas con fuerza que avivan el panorama,
su ritmo arrasa la turbia ceguera anclada en torno a mis ojos,
zarandeando el antifaz que los cubría y me obligaba a mover
                                                        despacio,
asomando la claridad, afianzo el pulso y los pasos, pretendo
                                                su encuentro.

Estiro los brazos y encuentro el cristal, ventana con doble cristalera,
que protege del ruido, de fuera hacia dentro, de dentro hacia
                                                        fuera,
deslizo el cristal, pesado, ambas hojas hacia un lado, aparece
                                                una reja, cerrada,
miro hacia atrás, busco, no encuentro las llaves, pienso, quizás
                                                nunca las tuve.

No me batiré en duelo con mi suerte, fuerte resplandor distante,
                                                reconforta,
presagio el día, quizás tan cercano, volará en otra dirección,
                                                emigrará a su clima,

en los recodos de los atardeceres, oteando en la distancia
su presencia,
retendré siempre, cual mío, el matiz de su plumaje y su agitar de
alas en el vuelo.

Tintero

Tomando aire en un suspiro, vaho que humedece el frío cristal,
cogiendo la pluma en la mano, acariciando suavemente su ser,
plasmando el aliento en papel, moteando el pergamino blanco,
sintiendo palabras que brotan, surcando las venas y el limbo,
escribiendo en versos inútiles, melancolía, rebeldía y sueños.
Remotamente pensada, cobardía sentada, que mueve las manos y
                                                    no los pies,
sufriendo más la mente, recordando, que su esfuerzo en el brazo
                                                    escribiendo.

Derramando en las letras misterios, tan propios que arañan
                                                    con fuerza,
esparciendo con tinta la comprensión esperada, sin encontrarla,
emborronando hojas que quizás no pase a limpio, es tarde,
explorando sentimientos, sin buscar halagos, sin buscar reproches,
saneando complejos o anhelos, con la aptitud del estudiante,
intentando memorizar con nervios y en el último momento,
                                                    antes del examen,
tras esforzarse demasiado, se ha quedado en blanco, al ver
                                                    su mirada.

Las ideas surgen igual que la vida, trazando renglones, no siempre
                                                    rectos, sin ruido,
hilos que se desatan del vestido favorito e intentas frenar
                                                    su merma, zurciendo,
demasiadas pérdidas que no volverán o probablemente nunca
                                                    se poseyeron,
sentimientos escritos que a alguien servirán, plena o vagamente,
ramos de flores y cardos, envueltos en papel brillante,
                                                    que se regalan sin precio,

con una sola persona que se recree en leerlos, entenderlos o
medirlos,
merecerá la pena consumir la tinta y la idea, tan difícil de encontrar.

Tintero pleno, dolor vacío.
Léeme tú, tu sueño es mío.

Cuando me vaya

Cuando me vaya
desengarzando las ramas de los árboles abrazados tanto tiempo
arrancando las amapolas surgidas en el campo sembrado de trigo
yermo
secando el río porque el agua fue derivada hacia otros cauces estrechos
cauces que cavaste tú mismo a pico y pala en tus días de arrogancia.

Cuando me vaya
empujada como las nubes lentamente y sin pausa movidas por el
viento
tal las estrellas desperdigadas al perder su brillo al abrir el día
como el sol que deja de calentar al caer la tarde sombría y amarga
como el cariño de los ojos fue apartándose de la mirada clara y
ultrajada.

Cuando me vaya
pretenderás juntar los trozos del árbol cortados por el hacha afilada
imaginando que el nido destrozado por la tormenta pudiese
resurgir cual la nada
cediendo al frío perpetuo nuestras cálidas noches calladas
inundadas de palabras no dichas atormentadas sin robar al
silencio un suspiro.

Cuando me vaya
recordarás sin poder entretejer los hilos del deshecho y
enmarañado manto
barro resecado por tus áridas manos secas de abrazos que
agrietaron la pieza
abono mal puesto y a destiempo en semilla sin agua y sin luz
sauce que fue arrancado y alejado del río hacia el desierto de la
añoranza.

Cuando me vaya
acallarás la voz de tu conciencia resabiada con una excusa fácil y larga
permitirás a las termitas devorar la madera que dulcemente
                                        barnicé con el tiempo
coleccionarás frases dichas a destiempo pegadas en el álbum de
                                        la vida descolorido
despegarás las fotos de ilusiones que inundaron mis momentos
                                        quietos.

Cuando me vaya
intentarás buscarme donde frecuentaba hacerlo sin tú saberlo
mas desconociendo el camino de mis pasos acelerados en ensueños
no encontrarás el sendero donde se ubicaron mis tiempos muertos
parados en la tapia del destierro incierto al que me llevaron tus
                                        complejos.

Miradas

Me pides llorando que mire a tus ojos,
tantas veces me hiciste bajar la mirada,
mientras miraba mis pies,
me encontré con sus pisadas.

Condenada

Condenada a vivir sin tu presencia,
con remotos pensamientos inconexos en la vida,
con la candidez del alma buscando consuelo en todo,
consciente de que la dicha no llegará a ser conquistada,
arremolinando los sentimientos en turbios recuerdos,
que quedarán aislados y estancados en la imaginación.

Condenada a vivir sin tu presencia,
encadenada a sueños irrisorios de imposible cumplimiento,
aunque la sensación traspase la verdad o lo real,
capaz de darme cuenta y sentir rozando a la perfección,
los momentos en los que piensas en mí,
capaz de detectar tus pensamientos dentro de los míos.

Condenada a vivir sin tu presencia,
mientras tu sombra abanica mis movimientos,
haciéndome girar a cada pasado al sentirte cerca,
y a cada giro exaltado, saber que no estás, que no podré verte,
desesperación de vivir ciegamente, sin tu imagen ni tu tacto,
afortunada en vivencia sensorial que a tientas libera el alma.

Condenada a vivir sin tu presencia,
mirando a los ojos de otros buscando los tuyos,
pensando al hablarles que pudieras ser tú,
imaginando tus gestos y respuestas en el supuesto,
escuchándoles casi sin respirar, soñando que te oigo a ti,
sabiendo que tu voz y tus caricias quedarán yermas.

Condenada a vivir sin tu presencia
llevándote siempre tan cerca y dentro de mí,

grilletes en las manos y en los pies, alas en la mente,
acariciando las palabras que quisiera escuchar de ti,
besando lenta y calladamente esa mirada tuya,
que se alimenta cada día detrás de mis cejas.

Condenada a vivir sin tu presencia,
observando en mi mente tus manos extendidas a lo lejos,
señalando donde estás e insinuando que me acerque,
gesto que arrastra mi sentimiento desesperado y vivo,
angustia que tira con fuerza hacia el lado opuesto,
retrocediendo la distancia desde lo imposible.

Miedos

Recostada y temblando en las oscuras tinieblas del miedo,
miedo a perderte, sin haber llegado a tenerte,
destapo mis ojos ocultos por mis manos fuertes,
sintiendo tu luz lejana y tenue, luchando con la irrealidad,
sorteando con dificultad tus propias nieblas,
haz de luz que queda inerte, pero no desaparece,
revivida en mis sueños, revivida en mi muerte,
aunque no te acerques más, vivo iluminada en la suerte.

Oleaje

Varada en los días inertes y eternos,
envidio a las nubes pues las mece el viento,
sintiendo, pensando, despacio en silencio.

Mirando a lo lejos buscando ese sueño,
recorro distancias, recodos del tiempo,
los besos anclados y el puerto supuesto.

Reposo la vista en el horizonte, lejano, despierto,
su fuerte oleaje y audaz sentimiento,
la vida está a un salto y a un paso primero.

Entrando a la mar, caricias de bruma,
fluyendo la mente, resbala el recuerdo,
sumergida en brisas, buceo tan dentro.

Conozco el porqué y eludo el encuentro,
brazada rotunda que embiste al remordimiento,
nado más profundo, me falta el aliento.

Tesoros prohibidos, estrellas de fuego,
monedas antiguas, mil perlas inciertas,
están tan profundas, no alcanzo a aprehenderlas.

Sorteando olas, miro al firmamento,
y avanzo flotando en propios enfrentamientos,
me reconforta el letargo y ceso el movimiento.

Me dejo llevar, me tumba el anhelo,
me desplaza el mar, me gira el silencio,
el sol me adormece, me despierta el viento.

Cierro bien los ojos y abro los deseos,
con lánguidos parpadeos de atrevimiento,
vadeo en las horas, mas sigo despierta.

Cansancio del fuerte oleaje, del frío encubierto.
Sigue anocheciendo, destellos del faro, tan alto, tan lejos,
señalando la cordura que deja el abatimiento.

¿Retomo la orilla? ¿Sigo mar adentro?
¿Qué importa una brisa, si mueres por dentro?
¿Depende de mí? Depende del viento.

Fatiga real, fatiga del pensamiento.
respeto al presente, desdeño al pasado,
vientre cerrado que gime al futuro incierto.

Apariencia

Sellaré mis labios con leve sonrisa para no hablar nunca de ti,
falsearé el brillo de mis ojos para que creas que soy feliz,
no cambiaré el timbre de mi voz, así envenenaré el grito interno
que me invade,
caminaré presta y ligera para hundir mi pesar, robándole el aliento,
luciré mis cabellos sueltos para que creas que soy como él, libre,
cuando mis ojos pretendan empañarse, simulando arrogancia
giraré la cabeza,
y mientras la tristeza pasee quieta y lánguidamente por mis venas
te veré pasar y te sonreiré, mientras moriré por dentro,
lentamente y en silencio.

Princesa

—¡Buenas noches, princesa!
Dijiste al cerrar la puerta.

Apagué la luz,
me gusta pensarte a oscuras,
las lágrimas resbalaron por mi cara,
surcos hasta la almohada,
llanto por dentro y por fuera.

Dicen que la mujer fue creada
de la costilla de un hombre de barro,
a mí no, quizás me formaron del agua,
siempre estoy llena de lágrimas.

Amanece:
—¡Buenos días, princesa!

Imagino

¿Quién pensará en ti con el cariño que te soñé?
¿Quién soñará contigo con el cariño que te pensé?
Perdiendo la risa en el camino y el orgullo entre las piedras,
sintiendo cerrarse las ventanas, tras un suspiro oculto,
¿quién tomando la barrera del mundo a sus pies,
te levantó en pedestal y torció el rumbo del viento?

Caricias que se extraviaron en el camino, tan largo,
nostalgia que esculpió el aire en pedernal,
aclamando las miradas que se llevaran otros ojos,
reclamando las palabras que sus oídos tendrán,
¿quién rebasó a mi destino, con la dicha de tenerte,
de llevarte, de abrazarte y comprenderte el parpadeo?

La sombría añoranza de algo nunca obtenido,
la fría y gélida sensación de haberlo imaginado,
que únicamente existías en mi mente, tan fuerte,
realidad que no me permitirá cerciorar la respuesta a la pregunta
                                        que arde.
¿Fuimos dos? ¿Fuimos uno? ¿Fuimos qué?
¿Somos nada? ¿Somos algo? ¿Somos todo?

Me acaricio el pelo pensando que tus manos lo recorren,
y que sientes la suavidad, como cuando el sol resbala entre tus manos,
sin poder cogerlo, ni atraparlo, pero te roza y te quema,
te imagino a mi lado, como el aire, con brisa pero sin cuerpo,
viento que se desliza por mi blusa, desplaza y mueve la seda,
la dócil seda que hubiesen sido nuestros besos.
¿Lo imagino? ¿Lo siento? Lo vivo.

Quisieras

Quisieras que cubra tus penas con tules de sueños,
que siembre en tu vida y tu alma la calma que anhelas,
que baile en la balsa de aceite que roza tu brisa,
tomando la noche en mis manos buscando tu risa,
que siga pensando en silencio, mis musas flotando,
que obtengas sorpresas constantes que surquen tus venas,
caricias buscando encontrar los tesoros eternos,
cascadas del alma bajando con fuerza hasta el río,
que estando a tu lado, bien cerca, nunca sientas frío.

Que gire en tu cuerpo tendido y recorra tus piernas,
que abrace tus hombros desnudos, viéndote a escondidas,
que temple tus sueños, que arrope ilusiones,
que escuche tu aliento, que sienta emociones,
danzar bien pegados, con música lenta,
desnudos en brasas, canciones eternas,
ritmos melodiosos, abrazos profundos,
besos con dulzura, besos de pasión,
compases de vida, muestras de ilusión.

Que agarre mis sueños, cogidos bien fuerte,
si abriese las manos podrían disiparse,
volarían tan alto, cual globo sin cuerda,
corazón al aire, se abate en tormentas,
que espere y no escapen, que sientan mi fuerza,
que respiren hondo, que enganchen tu reja.
Y, sin embargo, me escondes, te escondo,
cristal en tus días, diamante en tus noches.
quisieras, quisiera, quisiéramos.

Paisaje

El pintor traza en el lienzo caminos sin inicios, amarillos,
quizás nunca se acaben, caminos sin finales, azules,
el sendero busca a pasos el final, con árboles, verdes,
y, sorprendentemente, vuelve a encontrarse en el inicio, blanco,
laberinto de colores, laberinto de impresión, negro,
acaso el caminante cree conocer su destino, añil,
con las huellas de sus pies, denota que lo desconoce, marrón,
la oscuridad dentro del sol, forma el eclipse, naranja,
la estrella brilla en la noche y se matiza en el día, plata,
nublada entre la gente, nublada entre la vida, gris perla.

Debiera dejar de pensar en él, pero no puede, pinceladas rojas,
podría pensar más en él, pero no debe, pinceladas azules,
no pedirá ayuda, por miedo a que se la ofrezcan, marrón,
borbotones de acuarelas en el pincel, vida, todos los colores,
las risas viven de amor, los llantos viven de tristeza, naranja,
se desliza el pincel en el cuadro, formando nubes, más azul,
los ojos del pintor se nublan, curiosamente no hay sol, amarillo,
oscurece en la realidad y mezcla los colores, morado,
paletadas de vida y estremecimientos en su cuadro, negro,
su mano y su mirada reposan en el lienzo, junto al pincel.

Cráteres con fuego

Me despierto en la noche, no está aquí,
busco con las manos su cara, se fue,
pero le siento, mirando el sudor de mi frente,
sus brazos protegiéndome de mis pesadillas,
a la vez, callados sonidos, respiraciones al unísono,
le estoy mirando, sin ver la luz,
recorriendo la luna, piso cráteres con fuego.

De puntillas, ligeros pies que corren en la madrugada,
buscando la dulzura que nunca encontraré,
el amor que, simplemente, no necesitara nada más,
que no fuera un suplemento de la melancolía,
sin la tristeza de pensar en algo más,
no requería nada más, estaba dulce y lleno.
Devorando los sabores de los besos.

Su aroma soñado inundando el calor del día,
retomando el sol, retomando el amor,
sentir hierba fresca que me empotra allí,
que me consigue en el sueño y en el día completo,
refrescando las sensaciones de agobio del resto,
ventilando la humareda del vivir recordando,
solo pensarle me calma, pero me inunda y ahoga.

Vaciando los caminos, sin buscar a nadie más,
duras y tristes excusas de buscar gente alrededor,
simplemente para cubrir el vacío que llevas,
con gente se entibia y oculta el verdadero escenario,
se empañan y resguardan los rotos de dentro,
las indiscutibles historias se quedan camufladas,
con más personas se ayuda a entretejer los hilos.

Mañana miraré el sol, y retendré su reflejo,
las chispas cegarán mis ojos, al verlo de lejos,
me cubriré con gafas oscuras, gafas de falsos espejos,
evitando la morada, evitando el recuerdo,
me abrazo una y otra vez, imaginando sus ojos,
sus labios que quizás nunca me besarán,
esos brazos que quizás nunca me podrán retener.
Recorriendo la luna, piso cráteres con fuego.

A mi madre

¡**Y** de pronto fue madre!
Sus horas fueron de fuego.
Su boca quedó en silencio,
sus ojos quedaron llenos,
plenos de tanto cariño,
amplios de tanto esfuerzo,
con sus alegrías ciertas,
recubriéndoles de besos.

¡Y de pronto fue madre!
Y renunció hasta a su vida
y se adaptó a los silencios,
trabajando hasta en la noche,
suspirando por el pecho,
luchando por sus retoños,
rindiéndose por consuelo,
recubriéndoles de besos.

¡Y de pronto fue madre!
Se sumergió entre sus risas,
buceando entre amarguras
taponando las tormentas,
esforzándose por ellos
relegando hasta los sueños,
olvidando sus temores,
recubriéndoles de besos.

¡Y de pronto fue madre!
Eternamente y por siempre,
observando decisiones,

declamando observaciones,
suavizando con palabras,
acallando sus tensiones,
camuflando las pasiones,
recubriéndoles de besos.

Si no te quisiera

Si no te quisiera, no observaría:
siempre que estuvieses cerca
tus ojos por si brillan,
tu boca por si sonríes,
tus manos por si están tensas,
tu gesto para verte el ánimo.

Si no te quisiera, no me importarían:
tus opiniones, decisiones o costumbres,
no intentaría vislumbrar tus pensamientos,
ni trataría de solucionar tus preocupaciones,
aunque, la mayoría de las veces, fuera imposible,
simplemente, no me esforzaría en entenderte.

Si no te quisiera, me sobraría todo ese tiempo,
mi tiempo dedicado a comprenderte,
estarías en mi lista de anónimos,
gente vacía como para fijarme en sus detalles,
estarías en la lista de los que no me importan,
que me da igual sin van o vienen.

Gente liviana, que no percibo al pensar
que van por senderos que no son los míos,
sin cruzarnos, sin escucharlos apenas,
sin necesitarme, ni necesitarlos yo a ellos,
si no te quisiera, ignorarías tu lugar en mí,
ubicado en mi vida, ubicado en mis pensamientos.

¡Me haces falta y te necesito en mi lista!
Me alegra que tengas una parte en mi vida,

no quiero que me sobre el tiempo que dedico a ti
y aunque otros, lógicamente,
también formen parte de tu lista.
¡No permitas que te deje de querer!

Llorar por dentro

He llorado tanto por dentro
que estoy rota,
he llorado por los cuatro,
alguien tenía que hacerlo.

Por ella, por lo que pudo perder.
Por él, por lo que no me hizo sentir.
Por ti, por lo que no te podré dar.
Por mí, por lo que no tendré.

Sé que algún día reiré,
pero solo por mí,
no quiero ser egoísta,
ni quitaros vuestras risas.

Las de ella, por lo que no perderá.
Las de él, por lo que intentará hacerme sentir.
Las tuyas, por si algo nuevo te hice vivir.
Las mías, por lo que sentí gracias a ti.

He llorado tanto por dentro
que me escuece el alma.
He llorado tanto...
que alguna lágrima se ha llegado a escapar.

No se ven las cicatrices,
pero yo sé que las tengo.

Autopistas

Te adelanté en un cambio de rasante,
con bellas palabras y un dulce adiós.

Sé que serías feliz tan solo con saber que te recuerdo,
y que incluso con el tiempo pensé que me precipité,
el mundo circula muy rápido y no da opciones de giro,
sigue las carreteras de la vida, demasiadas autopistas,
decisiones tomadas con exceso de velocidad,
sin carteles informativos, sin señales,
sin radares de aviso de equivocaciones,
mi coche sin frenos.
No me pararon en un control.

Han caído muchas hojas del calendario,
yo jugaba a ser mayor y lo logré,
tú no querías crecer y lo conseguiste.

Nunca volví a sentirme tan amada,
aquellos ojos de cachorro suplicante,
que tantas veces me agobiaban,
tu emoción, sin excusas, cuando me acercaba,
cuando me veías, cuando me esperabas,
tu risa nerviosa y tus pasos rápidos,
te apresuraste en aceptar mi decisión.
Tu coche sin frenos.
No te pararon en un control.

Has vuelto a encontrarme, en un área de descanso,
años después, tantos kilómetros recorridos,
siguiendo las marcas de mis neumáticos,
que no borraron las lluvias,

que no fueron asfaltadas nuevamente,
gastando tu tiempo y tu combustible.
Pisando fuertemente el acelerador,
y ahora, resulta que no puedo seguirte,
tu coche es más veloz que el mío.

Te adelanté en un cambio de rasante,
con bellas palabras y un dulce adiós.

Cuéntame

Cuéntame tus sueños,
sílbame al oído,
dime que me quieres,
ya que no te olvido.

Describe el paisaje,
píntame colores,
improvisa olores,
recuérdame en flores.

Nárrame tus días,
dibuja tus tardes,
pero de tus noches
no quiero escucharte.

Brillo en los ojos

El brillo en tus ojos me muestra la vida,
la risa contiene la brisa escondida,
quisiera tenerte y besarte en la boca
y ver tu mirada prendida en las hojas,
curarme la herida secando el rocío,
colmar con abrazos el mundo vacío,
secar el lamento, mojar la ternura,
sentirte tan dentro que sienta locura,
buscarte en la noche, sentir tu mirada,
con tantos reflejos que sienta tu calma,
sujetar tus hombros, reclinar la espalda,
sentirte tan mío que no duela el alma.
Rellenar espacios, encarar fronteras,
teñirme de azules, vaciar baúles,
arañar perezas, suavizar resaltes,
caminar descalza sin pisar alambres,
estrella en la noche, la luna en lo alto,
claridad del día, tus ojos brillando.

Galope

Galopa el caballo,
veloz,
melena al viento,
desbocado,
sin saber si busca u olvida,
exhausto,
relincha,
reclina la cabeza
y mira al horizonte.

Tinaja de barro

Tinaja de barro,
repleta de rosas,
repleta de espinas,
cien rosas,
mil espinas,
la llenaron,
la cerraron,
es grande,
es fuerte,
no respira.

Alguien la golpeó,
suavemente,
sin querer,
sin saber,
sin predecir,
lo desconozco.
Pequeña grieta
resquebrajó el barro,
blanco, sin esmalte.

Tinaja de barro,
grieta imparable,
sin asas,
para pararlo
quiere evitarlo,
brotan espinas,
saltan las rosas,
no tiene boca,
pues la callaron.

Mientras se rompe,
a su manera,
sola, sin ojos,
barro llorando,
toda crujiendo,
quiere avisarlos,
saltar muy lejos,
que vais descalzos.

Dos peceras

Dos peceras de cristal,
pececillos dentro,
anforita de barro,
para esconderse y jugar,
musgo y piedrecillas,
de colores,
para rozarlas,
purificador de aire,
dulce perfume,
alimento,
agua templada,
limpia,
preciosa imagen
dentro y fuera.

A lo lejos,
otra pecera de cristal.
Tú verde,
yo azul.

Me saludas con burbujas,
nadamos en círculos,
a distancia,
rápidos y alegres,
pensamientos sin voz,
sonrisas sin risas,
buceos entre arenitas,
salpican piedrecillas,
pecera completa,
no es la tuya,

no es la mía
tan redondas,
bellas, limpias,
acristaladas.

Tú verde,
yo azul,
entre distancias
para sentirlo
el mar.

Mesa para dos

Con todos los ingredientes,
ilusión, deseo y mar de besos
se quedarán guardados y fríos.
Cena para dos, la mesa puesta,
bello mantel y dos copas,
las sillas vacías,
las velas apagadas.

Esperar

Me enseñaron a esperar, no a pedir,
esperar la lluvia, esperar el frío, esperar al sol,
enseñanza del momento y del horario,
burlas, pérdidas al tiempo y al deseo,
sigo esperando la magia, sin pedirla,
sigo esperándote.

Buena alumna, veloz autodidacta,
no olvida frases, ni lecciones,
botella frágil y opaca,
cuyo interior desconozco,
no me enseñaron a romper,
jarrón expuesto en la vitrina,
fuerte alacena, frágil cristal.

Me enseñaron a esperar, no a pedir,
cabriolas del deseo no estudiadas,
aprendidas poco a poco, a solas,
mientras te esperaba,
cuadernos abiertos, con páginas en blanco,
las escribo sin pedir permiso,
ahora surgió la magia, sin pedirla,
ya no te espero.

60 horas,
tantas horas a tu espera.
60 horas,
dónde estarás ahora.
60 horas,
quiero oírte y tú te alejas,
quiero amarte y no me dejas.

Quiero romper el reloj,
quiero lanzarme a tus brazos,
quiero perderme en tus besos,
quiero llorar y me enlazo.

¿Crees que podré dormirme?
¿Crees que podré soñarte?
¿Crees que podré vivirte?
¿Crees que podré seguirte?
Créeme... podré morirme.

60 horas,
tantas horas a tu espera.
60 horas,
dónde estarás ahora.
60 horas,
quiero tocarte y te ausentas,
quiero amarte y no me dejas.

Vuelve, que te necesito,
vuelve, sin ti me marchito,
vuelve, respeto tu vida,
vuelve, que me siento hundida.

60 horas,
tantas horas a tu espera.
60 horas,
donde estarás ahora.
60 horas,
quiero oírte y tú te alejas,
quiero amarte y no me dejas.

Vuelve a soñar con mis besos,
vuelve a tomarme en tus brazos,
vuelve a querer sin pensarlo,
vuelve a volver soñando.

Falsos tesoros

Por besarte,
por soñarte,
por dormir entre tus egos,
por pegarme entre tus dedos,
manejaste mi pasado,
dirigiste mi destino.

Por sentirte,
por calmarte,
por vivir entre tus mundos,
por volar entre tus cejas,
condujiste en mi camino,
chocaste contra mis sueños

Por acariciarte,
por arrullarte,
por dejar tus elecciones,
por cavar bajo tus pies,
encontré falsos tesoros,
que no me podré poner.

La vida sin saber nada

La niña salió al mundo, pero sin saber nada,
inocentes sus sonrisas, inocentes sus palabras,
cabeza alta y erguida, cabeza llena de sueños,
atravesando escondrijos y esquivando las miradas.

Se observaba en el espejo, se fijaba en los clamores,
inocente su figura, inocentes sus colores,
pisadas fuertes y rectas, cabeza llena de prisas,
desgajando la aventura y ocultando los temores.

Escuchaba las palabras, entendía las razones,
inocentes sus oídos, inocentes sus clamores,
mirada clara y sincera, corazón lleno de soles,
retorciendo su amargura y llorando entre las flores.

Hablaba suave y despacio, quería ser entendida,
inocentes sus palabras, inocentes sus rincones,
caricias simples y dulces, besos llenos de temores,
desconfiando en los pasos y gimiendo entre balcones.

Pensaba siempre en voz baja, meditaba las ideas,
inocentes sus pensares, inocentes sus valores,
gestos seguros y firmes, poses llenas de dulzura,
encorvándose en las dudas y negando los dolores.

Sobrevivía entre gente, vivía sus decepciones,
inocentes sus preguntas, inocentes sus sabores,
actos claros y precisos, mentiras llenas de ruido,
agitándose en la noche y buscando reflexiones.

Nadie le hacía preguntas, nadie le sonsacaba,
inocentes sus respuestas, inocentes direcciones,
preguntas serias y amargas, respuestas llenas de frío,
atravesando escondrijos, callando contestaciones.

Cartas baldías

Te gustaban mis cartas,
con atención las leías,
primero las contemplabas
y luego las releías.

Llegaste hasta a conocerme,
alcanzaste mis verdades,
recorriste mis pensares,
sin llegar a acariciarme.

Esperabas mis escritos,
suspirabas por mis sueños,
anhelabas sus destellos,
sin alcanzar los reflejos.

Popurrís de pensamientos,
tumulto de expectativas,
ideas llenas de hambre
y consecuencias vacías.

Tan solo leer te aburre,
sin que participe el tiempo,
protagonistas baldíos
y susurros con tormentos.

Escritos que se guardaban,
mensajes sin conclusiones,
alborotos de pasiones,
panoramas sin canciones.

El tiempo las fue borrando,
acostumbrarse es tedio,
recostarse entre palabras
y suspiros aburridos.

Los libros en la mesilla,
las cartas en el buzón,
los sueños en el bolsillo
y el miedo en el corazón.

Enamorada

Estar enamorada es:

Sentir que el corazón se ensancha hasta sentir que no cabe
en tu cuerpo,
iluminar la oscuridad de la noche con tu rostro,
buscar y encontrar estrellas en el día,
fundir el hielo con tu nombre,
apagar el fuego en tu presencia,
sentir que el llanto desgarra el alma,
mezclar tus pensamientos con los míos,
creer en tu verdad más que en la mía,
sentir tus manos en tu ausencia,
ver tus pupilas en la lejanía,
hablar sin necesidad de palabras,
escucharte sin que muevas los labios,
reír con lágrimas en los ojos,
llorar con la sonrisa en la boca,
ofrecer la única cosa que poseías,
dar sin recibir nada a cambio,
recibir todo sin que te ofrezcan nada,
cruzar la frontera que separa la tierra del cielo,
sentirse princesa y pordiosera en tu espera,
colgar el alma y el cuerpo en tus manos,
anclar el destino y la suerte en tu idea.

... estar enamorada es: simplemente «AMAR».

Hielo y fuego

¡Cómo cambia el paisaje, según el cuento!
Tanto como tu risa, si hay gente lejos,
los árboles con el viento acarician el cielo
y, a solas los dos, existe el fuego.

No precisas mostrarles tus sentimientos,
pero es triste aceptar que estás mintiendo
¿Tanto te importan sus comentarios?
¿O es que en la realidad eres lobo solitario?

¿Por qué te importa la gente?
¿Por qué quieres ocultarme?
¿Te importan tanto sus verbos?
¿O te sientes muy culpable?

¡Cómo cambia el paisaje, según el cuento!
Tanto como tu voz, si hay gente lejos,
en la noche la luna ilumina el cielo
y, a solas los dos, no existe el hielo.

¿Qué te dan ellos a cambio,
que prefieres sus destellos?
¿Qué te dejé de dar yo,
que prefieres mis silencios?

No necesito que cuentes,
ni siquiera a cuatro vientos
que sueñas con mi presencia
y que te turba el recuerdo.

¡Cómo cambia el paisaje, según el cuento!
Tanto como tus ojos, si hay gente lejos,
el mar se expande y toca el cielo
y, a solas los dos, existe el fuego.

¿Me engañas a mí, o es solo a ellos?
Es solo tu indecisión la causante del misterio.
¿Tienes tantos compromisos,
que no puedes ser sincero?

Al final me he acostumbrado,
y con tanto hielo y fuego
se han congelado mis dudas
y derretido mis besos.

Brindemos

Sí, ¡ahora quiero brindar!
Voy a brindar y alzar mi copa,
una copa repleta de lágrimas que no he vertido
y han quedado estancadas en el pozo profundo
de mi alma.

¡Quiero y voy a brindar!
Porque, aunque triste, soy feliz,
y elevo mi brazo y mi vida en este gesto tan simple y humano,
por el nuevo «yo» que crece en mí,
que florece y esparce su vida por todos mis poros,
que subyuga y somete luchando
las dudas que lleva en su ser.

¡Voy a saciar mi sed!
Voy a saciar mis anhelos en una copa simbólica, fría y cálida,
fría por el miedo, cálida por el dolor,
por el dolor que hay en sí: mis lágrimas sin usar,
unas lágrimas vivas y desperdiciadas,
que solo son rocío de vida,
de mi vida.

Siento que nacen nuevos brotes,
nuevos retoños que obligan a podar otras hojas
que ya no pueden crecer más y los ahogan.

Tiembla mi pulso y mi mano,
pero aun así, brindo por esta nueva vida,
con lágrimas de mi querido ayer,
que dejo atrás.

Solamente te busco para que brindes conmigo,
me entristece brindar sola.

Embudo

Sentirse embudo, sentir un nudo.
Tanto amor que no entrará,
se estrechará en el camino,
sin viento que despeine las palmeras,
se quedará en la distancia.

Perdida en el desierto de tus ojos,
sorbiendo en el oasis del amor,
las dunas van cubriendo las pisadas,
el viento va borrando la pasión.
sentirse embudo, sentir un nudo.

Tercer mundo

Sollozos rugen en el viento,
desgarros proyectan al aire,
miradas pérdidas no encontradas,
personas que gimen, desoladas.

Sonidos... sonidos, que son sus silencios.

Es cruel vivir en su miseria,
tormento, crecer sin sueños,
sus corazones secos, envejecen,
sus pies flaquean y ensombrecen.

¿Por qué no hay nada en su vida?
¿Por qué destruyen su esperanza?
¿Por qué la tristeza en su mundo?
¿Por qué tanta penuria y hambre?

Sonidos... sonidos, que son sus silencios.

Quisiera borrarles la amargura,
alimentar su cuerpo y alma,
apresar su tristeza y machacarla,
secar sus lágrimas con sueños,
avanzar descalza entre sus fuegos.

Niños que nunca han reído,
sus padres nunca podrán darles,
sueños que nunca han tenido,
ideales absurdos que contarles.

Sonidos... sonidos, que son sus silencios.

Sollozos rugen en el viento,
desgarros proyectan al aire,
miradas perdidas no encontradas,
personas que gimen, desoladas.

Ausencia

Si no te ven mis ojos,
y no te escuchan mis oídos,
no me acarician tus manos
y no río con tus risas:

¿Por qué te veo en todas partes?
¿Por qué te escucho en los ecos?
¿Por qué te siento en mi cuerpo?
¿Por qué lloro con tus miedos?

Dicen que el amor es ciego,
dicen que el amor es tonto,
dicen que el amor te nubla
dicen que el amor es riesgo.

Quiero arriesgarme en tus brazos,
quiero tenerte de cerca,
quiero sentirte en mi boca
quiero besarte y no en sueños.

¡Ojos que no ven no sienten!
¡Cantos sin cantar, no suenan!
¡Lágrimas que no caen, no mojan!
¡Mentiras recorren las venas!

Y ahora dime... ¿qué?

¿**D**ime por qué?

Busqué la luz en tus ojos,
busqué verdad en tus palabras,
busqué razón en tus pensamientos,
busqué sensibilidad en tus hechos,
busqué suavidad en tu piel.
Busqué amor en tu corazón.

¿... y dime, qué encontré?

Oscuridad en tus pupilas,
murmuraciones en tu voz,
sinrazón en tu mente,
terquedad en tu forma de ser,
aspereza en tus manos,
orgullo en tu interior.

¿Y ahora? ¿Dime qué?

¿Qué más puedo yo de ti querer saber?

Tumbada en el suelo

Tumbada en el suelo,
sueños y recuerdos,
los brazos abiertos
y mi rencor muerto,
respirando el aire,
y sintiendo el viento.

Los ojos cerrados,
el corazón lento,
dividiendo espacios,
restando en el tiempo,
garganta cerrada
y manos abiertas

Buscando razones,
atrapando versos,
retomando frases
que quedaron dentro,
las suelto del lazo,
las miro a lo lejos.

Repasando historias,
reviviendo sueños,
la tierra me absorbe,
no quiero este cuerpo,
quiero que no pese,
que me ice el viento.

Borrando tachones,
subrayando verbos,

hoja limpia y clara,
con buenos recuerdos,
que me deje libre,
vivir en mi tiempo.

Entierro cadenas,
las hundo muy dentro,
ventilo los humos
de aquel gran incendio,
retiro las brasas,
se enfría el recuerdo.

Abriendo ventanas,
puliendo el espejo,
decoro el recinto
de aquel reto intenso,
me lleno de brisa,
estiro mi cuerpo.

Inhalando el aire,
y sintiendo el viento,
abro bien los ojos
y encuentro el silencio,
callaron los ruidos,
se fueron los truenos.

Tumbada en el suelo,
sueños y recuerdos,
los brazos abiertos
y mi rencor muerto,
la risa aparece,
te lleno de besos.

A ti... niño travieso,
pantalón corto,
flequillo al viento,
piedras en la mano,
valentía al tiempo,
rodillas peladas,
tu sonrisa abierta,
ojos sin color y
con todos dentro.

Lanzas bien las piedras
y pasas el tiempo,
tiras a los botes
y a cada momento
palomas, gorgojos,
lechuzas y cuencos,
hábil movimiento,
muestras tu destreza,
te sientes contento.

¡Y ahora les has dado!

Gorrión enfermo,
un ala partida
y no arranca al vuelo,
lo coges tan fácil
y sin apretarlo,
caja de cartón
con cuatro agujeros,
pañito de trapo,
panecillo dentro.

De nuevo amanece,
vas a recogerlo,
te lo encuentras muerto,
patadas de rabia,
lloriqueos lentos,
le entierras sin caja
para cavar menos,
saltas en la arena
y sigues corriendo.

A ti... niño travieso,
pantalón planchado,
con camisa a juego,
zapatos brillantes,
tu flequillo al viento,
sortija en la mano,
valentía al tiempo,
ojos sin color y
con todos dentro.

¡Y ahora has crecido!
Te has cambiado el traje.
…
¡Hoy has vuelto a hacerlo!

Abecedario

Me sobran las letras y
me faltan las palabras.

Cansada de escribir
respuestas imposibles.

La A de a...
La B de b...
La C de c...
La D de d...
La E de e...
La F de f...
La G de g...
La N de n...
La I de i...

Sí, ya sé, me he saltado letras.
¿Y qué?

¿Qué cambia el olvido?
¿Quieres más?

La J de j...
La L de l...
La V de v...

Me quedo con la X.
La X es mía.

Teléfono vacío

He descolgado el teléfono,
le puesto un papel encima,
no podía ni mirarlo
y recordar mi vacío.

He descolgado el teléfono,
no soportaría escucharte sin tenerte
... pero te escucho.

He descolgado el teléfono,
pero no hacía falta,
yo tenía miedo a cogerlo,
tú tenías miedo a marcarlo.

Volvámonos a la orilla

La vida es un sinfín de retos,
un avatar del destino,
y si angosto es el camino,
aunque la distancia corta,
aceptemos los traspiés.

Al fin y al cabo de ruta
vamos encontrado charcos
que cruzamos por doquier
y si no nos los saltamos,
es por poco atrevimiento
ya que incluso el pensamiento
deja a nuestra mente errar.

Volvámonos a la orilla
cuando acaso la tormenta
nos empieza a salpicar,
ya que el agua es peligrosa
y a barca y barquero mojan
cuando van a navegar.

Y si el azar nos envuelve
y retomamos el pulso,
caminaremos despacio
cogidos de la cintura
por las orillas del mar.

Telepatías

El influjo del pensamiento
retoma reflejos despiertos.

—¿Quién eres?
—Lo sabes.
—Lo sé.

—¿Me quieres?
—Lo sabes.
—Lo sé.

—¿Me entiendes?
—Lo sabes.
—Lo sé.

Avanzan caminos distantes,
surcan ensueños tardíos.

—¿Qué quieres?
—A ti.

—¿Qué buscas?
—A ti.

—¿Qué encuentras?
—A ti.

—¿Que pierdes?
—A ti.

Cascadas que ya cayeron,
lluvias que se absorbieron.

—¿Me perdonarás?
—Lo sabes.
—Lo sé.

—¿Me juzgarás?
—Lo sabes.
—Lo sé.

—¿Me olvidarás?
—Lo sabes.
—Lo sé.

Relojes parados

De tanto mirar relojes, han dejado de existir,
han desaparecido y te estás fundiendo con ellos.
No preciso de manillas o de un simple minutero,
son demasiado fríos y demasiado ciertos,
estoy aprendiendo a mentirme,
sintiendo el paso del tiempo.

La lejanía secó mi garganta,
tu ausencia incitó a silencios
la vida no tiene más cambios,
no tiene salida, ni entiende misterios,
no estarás nunca conmigo
aunque estés dentro, muy dentro.

¿Cómo es que surgió ese amor?
¿Cómo amaneció el encuentro?
¿Tan sola estaba en pasiones?
¿Tan hueca estaba por dentro?

¿Y a ti?

¿Qué es lo que te ocurrió?
Si acaso fue correspondido,
¿fue solo una atracción insólita?
¿O acaso el aburrimiento?

No quiero que disimules, ni siquiera que entristezcas,
sigue tu vida y recuerda aquellos ratos eternos,
aunque seguirán vivos y ambos sigamos lejos
vivirán en la memoria, vivirán en los recuerdos,

perderán forma en los años y los soplaran los vientos,
qué lentas pasan las horas, qué lento muere el recuerdo.

De tanto mirar relojes, han dejado de existir,
han desaparecido y te estás fundiendo con ellos.
No preciso de manillas o de un simple minutero,
son demasiado fríos y demasiado ciertos,
estoy aprendiendo a mentirme,
sintiendo el paso del tiempo.

Maldita ironía

La risa inundó mis ojos
tanto tiempo de secano
pero, maldita ironía,
nunca podrás mirarlos.

Pienso en ti y ya sonrío,
pienso en ti y ya me templo,
tantos *flashes* de recuerdos
y estupor en blanco y negro.

Ni siquiera nos veremos,
un amor sin desgastarlo,
todo un paisaje con vistas
que solo podrás mirarlo.

Agradezco ya las noches
porque duermo en tu recuerdo,
agradezco ya los días
porque vivo en tu misterio.

Cuento las veces que pienso,
cuento las veces que sueño,
me he quedado ya sin cifras
de tantos números muertos.

Cifras que cuentan reservas,
cifras que cuentan vacíos,
tantas hojas ya caídas,
tantos soles con silencios.

El llanto inundó mis ojos
tanto tiempo de secano
pero, maldita ironía,
nunca podrás mirarlos.

Tarareos con silencios

Hoy puedo cantar, estoy a solas,
normalmente tarareo,
te siento plenamente, como a esas canciones,
que gustándote tanto no te atreves a cantar
temiendo estropearlas,
que no merecen mi voz,
pero merecen mi ensueño.

Lo único que salva la melancolía
es poder tararearte, dar música a tu recuerdo,
sentirte dentro sin poder expresarte,
vivirte a solas sin poder abrazarte,
sentir que colmas los vacíos
tan solo con el recuerdo, el sueño o la añoranza.

Hoy puedo cantar, estoy a solas,
nadie escucha mi voz,
no hay testigos de mi fraude,
fraude por no cantarte y solo tararear tu existencia,
silencios inundados de ecos,
ecos que se cierran con paredes
y frenan incógnitas del tiempo.

Hoy puedo cantar, estoy a solas
y, sin embargo, no conozco tu letra completa,
simplemente el inicio de una música,
no se me permitirá llegar al estribillo,
pero incluso sin ritmo, solo con el primer verso,
has inundado mis letras, solo podré entonar eso.

Peligro a la cercanía, música que invade el cuerpo,
solo te tarareo, música de mis sueños,
canción que brota en la oscuridad,
canción que cierra en silencio
la soledad de mis besos perdidos,
el ritmo que engulló al silencio.

Hoy puedo cantarte, estoy a solas,
estoy a solas y te canto,
canto el ritmo de tus versos,
canto con el corazón,
canto tu nombre completo,
tan fuerte salió mi voz
que el mundo vino a mi encuentro,
la gente me ha preguntado,
no he podido responderles,
mi canto dejó sin voz las respuestas,
la afonía me ha permitido seguir mintiendo.

Abrazar

Abrazar es darte,
abrazar es calmarte,
abrazar es ayudarte,
abrazar es comprenderte,
abrazar es perdonarte,
abrazar es tenerte,
abrazar es amarte,
abrázame.

Sin título

Han pasado los años y me atreví a hablar de ti,
conversación ligera, sin detalles, con reservas,
simplemente con el deseo de soltar el aire retenido,
durante tanto tiempo, durante tanta vida,
no entendieron nada y llegaron a reír,
risas que me encogieron nuevamente,
ignorantes, nunca tuvieron la suerte de amar.

Dormida... despierta

Y volverás a los ojos a mirarme,
y me verás como siempre pensativa,
y dudarás como siempre y cada noche
dónde están mi mente y mis pupilas.

Y medirás los susurros amorosos,
y puntuarás cada uno de mis besos,
y contarás las sílabas de mis cantos,
y graduarás cada uno de mis sueños.

Y volveré como siempre a despertarme,
y tornaré de nuevo ante tus lazos,
y soñaré contigo entre tus brazos,
y viviré contigo en mis adentros.

Caras de lata

Caras de lata, frías y duras,
caras sin gestos, ni abatimiento,
gente confusa, gente mintiendo,
gente que buscan retorcimientos.

No saben nada, no tienen sueños,
no saben nada y van riendo,
no buscan rasgos, no buscan gestos,
solo buscando sacar provecho.

Mienten con lloros, mienten riendo,
nada interpone sus sentimientos,
quieren ganarlo, sin gran esfuerzo,
quieren tumbarse y ser ejemplo.

Cerebros blandos, sin fundamento,
ojos de susto y miedo dentro,
cómo es posible con tanto necio
que el mundo siga sin detenerlo.

Todo es posible, todo es incierto,
la vida pasa, su tiempo es yermo,
caiga quien caiga, a todos pisan,
nunca imaginan que me dan risa.

Llegarán otros igual de necios
y harán un sayo con su pellejo,
hay tantos tontos bien camuflados
que no imaginan que se harán viejos.

Vidas basadas en la ignorancia,
risas forzadas y empeine suelto,
muchas patadas que ahora dan
en su futuro rebotarán.

Qué vida triste, no sienten nada,
nada sorprende a sus miradas,
buscan la gloria, buscan el oro,
la gloria es falsa y el oro poro.

Caras de lata, frías y duras,
caras sin gestos, ni abatimiento,
gente confusa, gente mintiendo,
gente que buscan retorcimientos.

Levanto el vuelo

Levanto el vuelo a otro lugar.
levanto el vuelo,
mi destino va a llegar,
levanto el vuelo, sin represalias,
levanto el vuelo, hasta mi cielo.

Siento añoranza,
siento recuerdos,
siento esperanza,
siento, sintiendo.

Quiero abrazarte,
quiero consuelo,
quiero quererte,
te estoy queriendo.

Nunca me olvides
tan solo he muerto,
nunca me olvides
aún te tengo,
nunca me olvides
estoy viviendo.

No llores tanto, aunque te entiendo,
no llores tanto, porque te quiero.
No se termina aunque anochezca,
no se termina, la luz está abriendo.

Levanto el vuelo a otro lugar,
levanto el vuelo,

mi destino va a llegar,
levanto el vuelo, sin represalias,
levanto el vuelo, hasta mi cielo.

Sigo viviendo,
sigo en recuerdos,
sigo contigo,
sigo queriendo.

Dos vidas

Todos tenemos dos vidas,
una despierta, otra dormida,
despierta es la realidad,
dormida buscas la huida.

Despierta camino y hablo,
dormida salgo del mundo,
un mundo lleno de frenos,
del que me escapo contigo.

Necesitamos dormir,
necesitamos la vida,
te necesito despierta,
te necesito dormida.

Vivo y disfruto los días,
sueño y siento por las noches,
pero ahora..., por favor...,
déjame seguir durmiendo.

Pero sonrío

Hoy amanece nublado,
el gris acompaña el paisaje,
y la gente sigue sus pasos,
entre prisas, ruidos y avatares,
intentando acallar el sonido del vals
que acompaña mi mente,
pero sonrío...
no consiguen callarlo.

Suerte de la vida,
me ha regalado algo totalmente mío,
que además no es transferible,
algo que difumina las nubes e ilumina el día,
mi mente y mis sueños
quieren quitármelos,
pero no podrán, todos corren,
pero sonrío...

Adolescente

Tu pelo largo y dorado,
cayendo en cascadas por tus hombros,
imagen cándida y rebelde.

Tus ojos brillantes y serenos,
abriendo preguntas continuamente,
tantas como parpadeos.

Tu nariz recta y orgullosa,
inhalando el aire del mundo,
desafiando al futuro en un reto.

Tu boca rosa y dulce,
sonriendo tímida y abiertamente,
esperando al atardecer, un beso.

Sin rastros

Despierta el día y lentamente abro los ojos,
¡ya estás aquí! ¡En mi mente!
¿Cómo es posible?
Tan temprano... sin pedirme permiso,
sin darme tiempo a habituarme al día.

Me levanto y prácticamente deambulo,
mi cuerpo aún está lento,
y tú, en mi mente, ¡tan rápido!
Martilleándome y haciéndome pensar,
haciéndome preguntarme el porqué.
Mientras, caliento mi cuerpo, con el primer café del día.

Enciendo un cigarro, te inhalo con el humo,
el humo deja un rastro, pero tú, ninguno,
sin pistas aparentes en la habitación, pero estás.
¿Cómo has entrado? ¡No tenías llaves!
Pero pasaste, sigilosamente y sin prisas.

El agua resbala por mi cuerpo y
el gel deja en la estancia su aroma, pero tú, ninguno.
Seco mi cuerpo y siento tu mirada,
el espejo refleja solo mi imagen, pero estás,
entrando en mi intimidad, mi cuerpo desnudo.

Mis manos al volante, conduciendo,
el ruido y el tráfico me envuelven,
el cuentakilómetros marca un recorrido,
deja señal de la distancia, pero tú, ninguna.
El asiento del copiloto vacío, pero estás,
reclinando el asiento, cambiando la música.

Los compañeros, hablando, en el trabajo,
preguntas, respuestas, comentarios y tedio,
papeles extendidos, archivos abiertos,
quitan espacio en las mesas, pero tú, ninguno,
sigues ahí, apoyado en la pared, observándome.
Me pregunto: ¿no descansas?

En la hora de comer, necesito estar a solas,
voy a la barra del bar, pero a ti te siento,
la gente habla y ríe, ruido, llamando al camarero,
sus cervezas dejan rastro en el mostrador,
pero tú ninguno, estás bebiendo de mi copa.

El día ha sido largo y la noche avanza,
el televisor da las noticias y miro la pantalla,
imágenes violentas y temas sin sentido,
los sucesos del día dejan su rastro, pero tú ninguno.
Me recuesto en el sillón, estoy a solas,
pero tu brazo pasa por mis hombros.

En la cama, con mis libros acompañándome,
los ojos intentan no cerrarse y parpadeo,
apagas la lamparita y me besas en la frente.
Mientras, mi mente somnolienta, preguntándose:
¿Cómo has entrado? ¡No tenías llaves!
Pero pasaste, sigilosamente y sin prisas.

En mis sueños...
¡Sigues ahí! ¡En mi mente!
¿Cómo es posible?
Tan tarde... sin pedirme permiso,
sin darme tiempo a habituarme a la noche.
Me pregunto: ¿no descansas?

De mi mente...
Tú no te quieres ir y yo... no quiero echarte.

Dudas

Hoy quisieron las dudas entrar en mí, perforando,
como los ratones, entrando rápido, en su ratonera, que era yo.
Intentando renovar y agrandar sus fuerzas dentro de mí,
escapando de las garras del felino,
que quisiera acabar con ellas, dudas avanzando,
mordiéndome lentamente a oscuras.
Intenté huir, pero no pude.

Quise escapar y camuflarme entre ladrillos grises,
tras las paredes del silencio,
la amargura reventando por dentro,
y yo esperando a que el muro resistiera,
el ruido ensordecedor de su explosión.
Intenté correr, pero no pude.

Me arrincono y me acorazo paralizada,
siento el temor al siguiente paso,
buscaba que lo dieran ellas, las dudas, mis dudas,
crecen tan rápido que las temo, semejan gigantes.
Si me escondo y no salgo, no podrán verme,
permanezco, quieta, a la espera, me escuchan.

Las dudas cruelmente se ríen, de mí, de mi quietud,
vanidad pisoteada por sus risas,
seguras de que una vez más volveré a dejarlas dentro,
haciendo su nido y su nicho caliente, recorriendo mis venas,
ardiente y cálido refugio de su indigno ser, ante el mundo.

Quietas, quietas dentro de un lugar seguro, en mí,
las maldigo y al mismo tiempo las acaricio por el miedo,

si me atraviesan, una vez más, no tendré que decidir.
Aprieto el temor entre las manos y cojo aire,
ceden, van cediendo ante mis fuerzas, pero no acaban de salir,
respiro, pero sé que siempre estarán ahí, dentro, royendo.

Trono sin cetro

Y ahora observando y errando dirigiéndome no sé adónde,
esperando a que una muestra de sol me transcriba en algún borde,
la gruta en espera que lleva el camino marcado en la ida,
la piedra que rueda olvidando las causas en la discreción,
muerte, vaga, quieta y triste, salvación de reserva henchida,
que ojea veladamente a la gente que duerme serena,
naciendo la daga desnuda que hundirá en la llaga de la indiferencia.

Y ahora que camino dirigiéndome hacia un punto desconocido,
me pregunto dónde voy si la distancia terrena no brota,
la desesperación de saber que no aceptaré este destino,
y si en cambio lo sigo, careciendo de sentido ese sentir,
el abrigar de esa emoción que palpita y haría encender esa luz,
que irradiaría un discurso comprimiendo el silencio calizo,
me miras y sonríes, conociendo la sensación incluso mejor que yo.

Luchando y defendiendo con ansia la esencia y sustancia del ser,
tema absurdo en sí, importancia altiva y relativa que oculta la causa,
buscando apuntalar cimientos a los cuales sabes que no interesas,
importancia a ratos, sustento callado mirando el compás de péndulo,
no estás, finges a tientas, seguirás ahí buscando la excusa de no
mirarme,
finjo igual, si te mirara, sé que moriría, sin flotar y sumergida en
la nada, ciega,
háblame, mejor no, no incites a la tristeza a disparar el proyectil
perdido.

Mentes, mentes sabias que acunan la distancia, temperamento
audaz ahora quieto,
esa ciencia del amar sin goznes, ya que amaron en la cima y a luz
abierta,

supieron sentir la risa en el camino y la caída tras la risa igualmente,
carrera hacia al destino que observan y les hace recordar

un propio sueño,
sentirán en el recuerdo la pérdida del tiempo y la ganancia

del pasado,
cautela, cautela en la voz, curando la herida que surgirá en el después.
Coróname en silencio, ahora, después, no antes, asumiré el trono

sin cetro.

Recuerdo del no vivido

Entreabriendo los ojos inhalando aire quieto,
tan cobarde cerrar los ojos recordando,
permaneciendo oculto en el lodo gris del ayer,
manteniendo la mirada ajena al presente
y sintiendo que el paso que avanza no es tuyo,
simplemente es otro quien camina,
te proteges y guareces en la esquina
y sonríes mirando de reojo al que te juzga,
se atrevió a juzgar al desconocer
el tiempo y el humo que hubiera pagado
por vivir tu sueño vivo intenso y mío,
te invita y oculta la misma acción en un grado,
un grado de hielo y de sombra retorcida,
enmarañando lo que nunca le ocurrió,
lo que pensó que al otro era indebido,
¡oh!, clamoroso surgido del cielo y soñado,
repréndeme no quiero seguir a ese lado,
abriendo los ojos a escondidas,
mirando en esas pestañas retraídas,
cállame la voz y ahógame el sentimiento,
no puedo vivir recordando lo que no ocurrió,
quitaste la venda y me llamabas.
¿Por qué no me llamaste antes?
¿No me viste acaso en la espesura?
Permíteme caer sin protegerme,
debo aprender a levantarme a solas,
esa almohada retorcida en el lecho frío
que volverás a extender algún día en forma recta y perfecta,
acallando habladurías del embozo suelto y áspero,
que sembraste en la distancia del olvido,
del olvido que no existió al no dejarlo haber vivido.
Es tarde, ¿y qué? No llevo tiempo.

Temblor

El día que tiemblen nuestros sueños,
risas en silencio, emociones sin romper,
entendimiento sin voces,
y claros entre las sombras:

Llévame contigo,
recorriendo el camino sin fin,
sintiendo el viento en la frente,
seré ligera al paso.

Extraña calma en el cuerpo.
Plácido descanso en la mente.
Drogadicción aletargada es tu ausencia,
ritmo y fuerza tu presencia.
Distanciamiento por ti elegido,
aceptado y agradecido por mí, al mismo tiempo,
sigue tus pasos de frente, sin forzar tus ritmos.

Mis emociones no serán una jaula para ti,
la naturaleza no les forjó barrotes,
resbalarían en ellas, como yo en el hielo,
abrázame si me caigo.
Y luego, márchate si quieres,
dejándome dentro aquel momento,
que vivirá ardiendo en mi recuerdo.

Arena y viento

Arrodillada de pena en la arena,
puñado de arena lanzado al mar,
con rabia.
Me vuelve a la cara,
el viento no tiene amigos,
zafándome de ella,
boca y ojos cubiertos,
imploro.

Un grito ahogado que no escucharán,
que no entenderán,
¿para que necesito su entendimiento?
Hoy también ha llovido,
¿y a quién le importa?
El mundo sigue su curso,
con lluvia, vientos, arena
y rabia.

Índice

Poema en blanco 9

Pensamientos 11

Fácil 12

Parque vacío 13

Sonidos del viento 15

Lacre 16

Ajedrez 17

Monedas y frases 18

Creer 19

Alas 20

Tintero 22

Cuando me vaya 24

Miradas 26

Condenada 27

Miedos 29

Oleaje 30

Apariencia 32

Princesa 33

Imagino 34

Quisieras 35

Paisaje 36

Cráteres con fuego 37

A mi madre 39

Si no te quisiera 41

Llorar por dentro 43

Autopistas 44

Cuéntame 46

Brillo en los ojos 47

Galope 48

Tinaja de barro 49

Dos peceras 51

Mesa para dos 53

Esperar 54

Setenta horas 55

Falsos tesoros 57

La vida sin saber nada 58

Cartas baldías 60

Enamorada 62

Hielo y fuego 63

Brindemos 65

Embudo 66

Tercer mundo 67

Ausencia 69

Y ahora dime... ¿qué? 70

Tumbada en el suelo 71

A ti... niño travieso 73

Abecedario 75

Teléfono vacío 76

Volvámonos a la orilla 77

Telepatías 78

Relojes parados 80

Maldita ironía 82

Tarareos con silencios 84

Abrazar 86

Sin título 87

Dormida... despierta 88

Caras de lata 89

Levanto el vuelo 91

Dos vidas 93

Pero sonrío 94

Adolescente 95

Sin rastros 96
Dudas 99
Trono sin cetro..101
Recuerdo del no vivido....................................103
Temblor 104
Tus pasos...105
Arena y viento 106

Miradas
se terminó de imprimir en Madrid
en marzo de 2025

Opera Prima

www.operaprima.es